LANGUE BASQUE

ET

SES PRINCIPES.

LANGUE BASQUE

ET

LANGUES FINNOISES.

Закл.
7
35

LANGUE BASQUE

ET

LANGUES FINNOISES.

PAR LE

PRINCE LOUIS-LUCIEN BONAPARTE.

LONDRES. 1862.

TABLE DES MATIÈRES.

Any copy of this work not bearing my signature is a counterfeit, and I have signed each of the 250 of which the impression consists.

Louis L. Bonaparte

No. 65.

LANGUE BASQUE ET LANGUES FINNOISES.

QUELQUE grande que soit la différence qui existe entre la langue basque et les langues finnoises, elles n'en offrent pas moins au linguiste quelques analogies frappantes dans leur grammaire. Or 'quelques analogies' c'est déja beaucoup pour une langue qui diffère tellement de toutes les autres.

Quoique je compte publier des remarques assez étendues sur ce sujet, je ne puis m'empêcher en attendant, en faisant abstraction pour le moment de ce qui se rapporte au génie postpositif de ces langues, d'appeler brièvement l'attention des linguistes : 1° sur la formation du nominatif pluriel ; 2° sur la déclinaison définie ; 3° sur la conjugaison objective pronominale ; 4° sur l'harmonie et la permutation des voyelles.

Je n'hésite pas à garantir l'exactitude des faits que je cite par rapport à la langue basque.   La grammaire de Lardizabal, *el Verbo vizcaíno* du savant grammairien Zavala et *le Verbe basque* du profond et modeste philologue Inchauspe m'ont servi de guide ou de confirmation pour ce qui d'ailleurs n'a jamais manqué d'être vérifié par moi-même sur les lieux. D'autres propriétés grammaticales appartenant le plus souvent aux dialectes du Guipuscoa, de la Biscaye, de l'Alava, de la Navarre espagnole et qui n'avaient pas encore été étudiées, trouvent ici leur description comme étant le résultat de deux voyages exclusivement linguistiques que j'ai entrepris en 1856 et 1857 dans les provinces basques de la France et de l'Espagne.

Est-ce à dire que les faits qui se rapportent aux langues finnoises sont loin d' offrir le même degré de certitude ?   Les noms de philologues tels que Castrén, Gabelentz, Friis, Hunfalvy, Lönnrot, Reguly, etc. sont là pour s'opposer victorieusement à une pareille supposition, car c'est de leurs ouvrages immortels que toutes mes données ont été extraites.

1. Formation du nominatif pluriel.

Il n'y a parmi les langues finnoises que le lapon[1] du Finmark et le hongrois qui forment le pluriel de leurs noms en *k* comme le basque. Dans cette dernière langue les noms ne sont susceptibles de pluriel qu'au défini qui se termine toujours en *a*. C'est ainsi que 'gizon,' *homme*, tant qu'il garde sa forme indéfinie, s'emploie aussi bien pour *homme* que pour *hommes*, par exemple : 'bost gizon,' *cinq hommes*. Veut-on au contraire exprimer *l'homme, les cinq hommes*, on se servira en basque de *gizona* pour le singulier et de *gizonak* pour le pluriel : 'bost gizonak,' *les cinq hommes* ; 'gizonak,' *les hommes*. On voit donc que cette langue n'admet qu'une seule[2] manière de former le pluriel, qui consiste à ajouter un *k* au nominatif du singulier défini.

[1] Le lapon en usage depuis Vefsen jusqu'à Tromsoe forme le pluriel en *t* ou en *k*, mais les dialectes de Suède, de Vefsen et d'Enara en Finlande ne suivent pas en cela celui du Finmark. Quant au lapon de Russie propre, il est trop peu connu pour que je puisse me permettre à son égard une assertion quelconque.

[2] Dans le dialecte de Marquina, qui est celui des livres biscayens, on forme le pluriel en ajoutant *ak* au singulier défini, de sorte que *gizonaak* et non pas *gizonak* doit être considéré comme la forme littéraire biscayenne. Les autres variétés de la Biscaye et la langue basque en général se contentent d'un *k*.

En lapon il faut distinguer les noms dont le génitif singulier se termine en voyelle de ceux qui reçoivent une consonne finale au même cas. Les premiers forment leur nominatif pluriel en ajoutant un *k* à ce génitif, tandis que les autres demandent en outre un *a* euphonique : ' ædne,' *mère,* ' ædnek,' *mères ;* ' ædnam,' *terre,* ' ædnamak,' *terres. Ædne* et *ædnam* appartiennent en même temps au nominatif et au génitif du singulier. ' Jurda,' *pensée,* devient toutefois *jurdagak* et non pas *jurdak* au nominatif pluriel, car *jurdag* se trouve être le génitif singulier de ce mot.

En hongrois on ajoute un *k* aux noms terminés en voyelle pour en former le pluriel ; mais si ceux-ci se terminent en consonne, les voyelles euphoniques *a, o, e, ö* doivent précéder le *k*, et cela selon la loi de l'harmonie des voyelles, dont il sera question plus tard : ' ur,' *seigneur ;* ' ember,' *homme ;* ' dob,' *tambour ;* ' üst,' *chaudron* font au pluriel *urak, emberek, dobok, üstök,* tandis que ' atya,' *père* fait *atyák.*

Tableau comparatif basque — lapon — hongrois.

—k	—k	—k
—ak*	—ak	—ak
. . .	. . .	—ek
. . .	. . .	—ok
. . .	. . .	—ök.

---

* Voyez la note 2.

II. Déclinaison définie.

Le morduin seul parmi les langues finnoises possède
une déclinaison définie qui correspond exactement à celle
de la langue basque.   Dans celle-ci, comme on vient de le
voir à l'article qui précède, le défini se forme de l'indéfini
par l'addition d'un *a* : 'gizon,' *homme*, 'gizona,' *l'homme*.
Que l'*a* que l'on ajoute en basque à l'indéfini ne soit autre
que l'adjectif démonstratif, c'est ce qui est amplement
prouvé par le dialecte biscayen qui dit, par exemple, *gizon
a* pour *cet homme-là*, tandis que les autres dialectes ne
diront jamais autrement que *gizon ura*, ou *hura*.   Que l'on
vienne néanmoins dans ces derniers à décliner *ura* ou *hura*,
ce n'est pas de *uraren*, *huraren*, *urarekin*, *hurarekin* dont on
fera usage, mais seulement de *aren*, *arekin* ou *haren*, *harekin*,
selon les dialectes.   Quant à la prononciation de 'gizona,'
l'homme écrit en un seul mot, elle diffère de celle de ' gizon
a,' *cet homme-là* écrit en deux mots séparés, car dans ce
dernier l'accent tonique se fait tout aussi bien sentir sur l'*o*
de *gizon* que sur l'*a*, tandis que dans *gizona* l'*o* perd entière-
ment son accent qui se porte exclusivement sur l'*a* final.

En morduin les choses se passent tout-à-fait de la même

manière. ‘Loman,’ *homme* à l’indéfini devient ‘lomans,’ *l’homme* au défini. Or le *s* que l’on ajoute à l’indéfini n’est autre non plus que l’adjectif démonstratif *se*, dont on retranche constamment l’*e* final quand il doit servir à former le nominatif singulier du défini.

III. Conjugaison objective pronominale.

Le basque, le morduin, le vogoule et le hongrois peuvent exprimer dans leur verbe le sujét et le régime direct à la fois.

Le basque et le morduin jouissent de cette faculté pour toutes les personnes des deux nombres.

Le vogoule peut bien exprimer dans ses trois[3] nombres les trois personnes comme sujet, mais il n’y a que la seconde et la troisième personne des trois nombres qui puissent y figurer comme régime.

Le hongrois suit le vogoule, à cela près que la seconde personne des deux nombres ne peut figurer dans son verbe, comme régime, qu’avec un sujet de première personne du singulier.

---

[3] Le lapon, le vogoule et l’ostiaque sont les seules langues finnoises qui possèdent le duel.

Le basque en exprimant dans son verbe les vingt-huit rapports qui résultent de la combinaison des sujets avec les régimes directs, ne confond qu'une seule fois (dans le dialecte guipuscoan) une forme avec l'autre, *zaituzte* signifiant tout aussi bien *ils t'ont* que *il vous a*. Pour vingt-huit rapports cette langue fournit donc vingt-sept formes différentes. Voyez le premier tableau.

Le morduin jouit à la vérité de la faculté d'exprimer vingt-huit rapports différents, comme le basque; mais le nombre des formes qui y correspondent ne se monte qu'à 15. Cela est dû: 1° à ce que les formes exprimant un régime singulier ne diffèrent guère de celles qui expriment le régime pluriel correspondant lorsque le sujet lui-même vient au pluriel; 2° à ce que ces formes à double emploi sont toujours identiques avec celles qui renferment un sujet singulier de n'importe quelle personne et un régime pluriel de première ou seconde personne; 3° à ce que parmi ces mêmes formes que je viens de nommer en premier et en second lieu, celles qui expriment un sujet de troisième personne ne diffèrent en rien de celles qui renferment un sujet de première quand le régime appartient à la seconde personne, de même que les formes renfermant un régime de première personne et un sujet de seconde ne manquent jamais d'être identiques avec celles qui expriment avec ce régime un sujet de troisième personne. C'est ainsi que *sodasyz* signifie en même temps *ils le voient* et *ils les voient;* ' sodasynk,' *vous le voyez* et *vous les voyez;* ' sodasynek,' *nous le voyons* et *nous les voyons;* ' sodatadyz,' *il vous voit, ils te voient, ils vous voient, je vous voiȝ, nous te voyons, nous vous voyons,* et ' sodasamiz,' *il nous voit, ils me voient, ils nous voient, tu nous vois, vous me voyez, vous nous voyez.*

Le vogoule, en faisant abstraction de son duel, ne peut exprimer dans son verbe que vingt rapports par onze formes différentes, à cause de l'absence de celles qui expriment le régime de première personne. Cependant, grâce à son duel, cette langue porte jusqu'à quarante-cinq le nombre de ses rapports, quoiqu'elle ne compte guère plus de vingt formes pour les exprimer. En effet : 1° La seconde et la troisième personne en régime direct donnent toujours des formes identiques. 2° La seconde ou la troisième personne du duel venant à la fois comme sujet et comme régime, il en résultera trois rapports différents exprimés par une même forme. 3° Le même régime duel se trouvant accompagné d'un sujet pluriel de seconde ou de troisième personne, donnera naissance à trois nouveaux rapports qui ne seront jamais représentés que par une seule forme. 4° Lorsque la seconde personne du singulier se trouve en rapport de sujet à régime avec la troisième personne du duel ou du pluriel et

que la troisième personne du pluriel venant comme régime
la seconde du duel ou du pluriel s'y rapporte comme
sujet, une seule forme indiquera les quatre rapports.
5" La seconde personne du singulier ou du pluriel se
trouvant comme sujet et la troisième du singulier comme
régime, les deux formes ne différeront pas entre elles.
6° Les formes, enfin, qui expriment un sujet de troisième personne du pluriel avec un régime singulier ou
pluriel de cette même personne se trouvent être exactement les mêmes. C'est ainsi que *kietitä* signifie *il l'envoie*
et *il l'envoie;* 'kietiägä,' *il envoie eux deux* et *il envoie vous
deux;* 'kietiänä,' *il les envoie* et *il vous envoie;* 'kietiten,' *eux
deux l'envoient* et *eux deux t'envoient;* 'kietiägen,' *eux deux
envoient eux deux, eux deux envoient vous deux* et *vous deux
vous envoyez eux deux;* 'kietiänen,' *eux deux les envoient* et
eux deux vous envoient; 'kietiänl,' *ils l'envoient, ils les envoient,
ils t'envoient* et *ils vous envoient;* 'kietiäen,' *ils envoient eux
deux, ils envoient vous deux* et *vous envoyez eux deux;*
'kietilen,' *tu l'envoies* et *vous l'envoyez;* 'kietiän,' *tu envoies
eux deux, tu les envoies, vous deux vous les envoyez* et
vous les envoyez; 'kietilem,' *je l'envoie* et *je t'envoie;*
'kietiäum,' *j'envoie eux deux* et *j'envoie vous deux;* 'kietiänem,'
je les envoie et *je vous envoie;* 'kietilämen,' *nous deux nous
l'envoyons* et *nous deux nous t'envoyons;* 'kietiäumen,' *nous*

deux nous envoyons eux deux et *nous deux nous envoyons vous deux;* 'kietiänmen,' *nous deux nous les envoyons* et *nous deux nous vous envoyons;* 'kietilu,' *nous l'envoyons* et *nous t'envoyons;* 'kietiäu,' *nous envoyons eux deux* et *nous envoyons vous deux;* 'kietiänu,' *nous les envoyons* et *nous vous envoyons.*

Le hongrois, plus pauvre que le vogoule en formes objectives, sait fort bien distinguer le régime de seconde personne de celui de troisième, ce que cette dernière langue ne saurait faire; mais la distinction des nombres dans le régime, que le vogoule observe presque constamment, est tout-à-fait inconnue au hongrois. C'est par cette raison que les 14 rapports que ce dernier peut exprimer dans son verbe ne sont representés que par 7 formes objectives, puisque *vágja* signifie tout aussi bien *il le coupe* que *il les coupe;* 'vágjak,' *ils le coupent* et *ils les coupent;* 'vágod,' *tu le coupes* et *tu les coupes;* 'vágjatok,' *vous le coupez* et *vous les coupez;* 'vágom,' *je le coupe* et *je les coupe;* 'váglak,' *je te coupe* et *je vous coupe;* 'vágjuk,' *nous le coupons* et *nous les coupons.*

*　 *　 *　 *　 *　 *　 *

Nous venons de voir que parmi les langues figurant dans le premier tableau il n'y a que le vogoule qui possède

le nombre duel ;[1] mais on sera beaucoup plus surpris en
voyant que la deuxième, la troisième et la quatrième colonne
consacrées à la langue basque présentent des formes masculines, féminines et respectueuses correspondant à celles de
la première.   Ces formes que je propose de qualifier du
nom d'allocutives ou même de celui de parlementaires ne
s'emploient que quand on veut adresser la parole d'une
manière expresse, soit à un homme, soit à une femme, soit
à une personne des deux sexes à laquelle on veut témoigner
quelque respect.   Du moment que celui qui parle ne tient
pas à distinguer le sexe ou la qualité de son interlocuteur,
le traitement indéfini est celui dont on se sert généralement.   Je dis généralement, car dans le dialecte de la
Basse Navarre le traitement respectueux remplace le plus
souvent le traitement indéfini.   Il y a pourtant des cas que
l'on peut fort bien déterminer par des règles grammaticales,
où le traitement indéfini est le seul que l'on puisse employer
dans ce dialecte, dont le tort ne consiste pas à dire vrai
dans l'absence du traitement indéfini, mais seulement dans
l'usage qu'il fait d'une manière impropre du traitement
respectueux.   Le dialecte souletin au contraire, comme l'a

[1] Ces formes qui renferment un duel venant tantôt comme sujet, tantôt
comme régime, tantôt comme sujet et régime à la fois, sont les seules qui
manquent au basque, ce nombre étant inconnu à cette langue.

fort bien fait observer l'abbé Inchauspe dans son *Verbe basque*, n'emploie jamais à tort les quatre traitements qu'il possède.

Les variétés souletines de la Navarre espagnole,* comme j'ai eu lieu de m'en convaincre sur les lieux-mêmes, jouissent aussi de formes respectueuses; mais le haut-navarrais propre, le labourdin, le guipuscoan et le biscayen n'admettent pas ce traitement.[5]

Des traces assez insignifiantes d'un traitement diminutif ou enfantin me paraissent persister dans quelques localités,

---

* Voyez la note 9.

[5] Il faut faire une exception en faveur des formes dans lesquelles la seconde personne du pluriel entre comme sujet, comme régime direct ou comme régime indirect. Elles appartiennent dans tous les dialectes au traitement respectueux et elles n'ont pas de formes correspondantes indéfinies, masculines et féminines. Celles qui renferment la seconde personne du singulier comme sujet, comme régime direct ou comme régime indirect n'appartiennent pas non plus au traitement indéfini, mais elles peuvent appartenir aux traitements masculins, féminins et respectueux.

Les formes respectueuses qui peuvent avoir lieu dans tous les dialectes du basque se trouvent mêlées dans la première colonne avec les formes indéfinies du guipuscoan. J'ai choisi ce dialecte parce que c'est celui avec lequel je suis le plus familiarisé et parce qu'il se trouve être en même temps le plus important de la langue basque.

Quant aux formes respectueuses propres du souletin et du bas-navarrais, j'ai dû naturellement les prendre là où elles se trouvent conservées avec le plus d'honneur, c'est-à-dire dans le premier de ces dialectes. Elles occupent la quatrième colonne.

comme à Bardos, où l'on peut entendre *dichut* (*ch* prononcé à la française) pour *dizut*, etc.   On pourrait le
considérer comme une simple variante du traitement
respectueux, si une nuance mignarde ne venait s'y ajouter.

*   *   *   *   *   *   *

Si le morduin, le vogoule et le hongrois se contentent
d'exprimer le régime direct dans le verbe, il n'en est pas
de même du basque.   Cette langue après avoir dit
' bidaltzen nau,' *il m'envoie* veut pouvoir dire ' il me les
envoie,' *bidaltzen dizkit ;* ' nous les leur envoyons,' *bidaltzen
dieztegu ;* ' je le lui envoie,' *bidaltzen diot*, etc., et cela sans
préjudice des formes correspondantes masculines, féminines
et respectueuses dans tous les temps et avec la plupart des
personnes de son verbe : *bidaltzen nachiok, nachion, nizü ;
zizkidak, zizkidan, diztatzü*, etc.

La conjugaison objective pronominale à régime direct et
indirect à la fois et les traitements masculins, féminins et
respectueux sont exclusifs au basque qui, seul en Europe,
peut se vanter de posséder un verbe si riche en formes
logiques.   Je ne leur appliquerais pas cette qualification si
elles ne servaient pas à exprimer des rapports différents.
Les Basques, seuls en Europe, y présentent aussi l'exemple
non moins frappant d'une conjugaison objective pronominale

intransitive à régime indirect, telle qu'elle se manifeste en ' zazkit,' *ils me sont*, dont les formes correspondantes masculines, féminines et respectueuses sont représentées par *zazkidak, zazkidan, ziztatzü*.

Le nombre des rapports indiqués dans le deuxième tableau se monte à cinquante-six, tandis que le troisième en offre vingt-huit comme le premier. On a donc pour le basque, sans compter les différents traitements, cent douze rapports de sujet à régime exprimés par les formes objectives. Le morduin en fournit vingt-huit, le vogoule quarante-cinq ou vingt, selon que l'on y comprend ou non le duel, et quatorze le hongrois. Si l'on considère toutefois le nombre des formes plutôt que celui des rapports, le basque nous en fournira cent dix, le morduin quinze, le vogoule vingt, ou onze sans le duel, et sept le hongrois.

* * * * * * *

En basque la voix transitive du verbe est toujours objective pronominale, de sorte que *jaten det ogia* signifie mot à mot *je l'ai en manger le pain* et 'jaten ditut ogiak,' *je les ai en manger les pains ;* ' eman dio emakumeari,' *il le lui a donné ou donnée à la femme*, et ' eman dizkio emakumeari,' *il les lui a donnés ou données à la femme.*

Les Basques ne sauraient se passer d'exprimer dans le verbe le régime direct pronominal, soit que l'objet soit exprimé dans la phrase, soit qu'il y soit sous-entendu. Le régime indirect au contraire, lorsqu'il fait partie de la phrase, peut ne pas être exprimé dans le verbe d'après les dialectes de France. C'est ainsi qu'en labourdin *il a donné la pomme à la femme* peut se rendre tout aussi bien par *eman dio emaztekiari sagarra*, mot à mot *il la lui a donnée la pomme à la femme* que par 'eman du emaztekiari sagarra,' *il l'a donnée la pomme à la femme.* Les dialectes d'Espagne, surtout parmi les bons écrivains, se refusent à cette suppression du régime indirect, laquelle est on ne peut plus contraire au génie de la langue basque et ne doit s'être introduite en France que sous l'influence de la langue dominante. En Espagne au contraire les phrases castillanes ' á mi me lo han escrito,' *ils me l'ont écrit à moi ;* ' a ti solo te lo digo,' *je te le dis à toi seul* doivent probablement cette rédondance au basque, puisqu'elle ne se retrouve dans aucune des langues néo-latines l'espagnol excepté, qu'elle est obligatoire pour tous les dialectes lorsqu' il s'agit du régime direct, et que même quand elle se rapporte au régime indirect elle ne laisse pas que d'être fort en usage chez les Basques français.

Par rapport aux langues finnoises, le verbe n'est pas

nécessairement objectif quant à la forme[6] en morduin, en vogoule et en hongrois. 'Sodan,' *je sais* en morduin; 'kietém,' *j'envoie* en vogoule; 'vágok,' *je coupe* en hongrois, sont des formes non objectives qui par cela même ne figurent pas dans le tableau.

*   *   *   *   *   *   *

[6] Si je me sers de l'expression *quant à la forme*, c'est seulement pour rappeler que tout verbe transitif ne peut être qu'objectif quant à l'idée, puisqu'un régime quelconque y est toujours, sinon exprimé, du moins sous-entendu. Néanmoins il n'est ici question que du verbe transitif ou intransitif possédant des formes spécialement destinées à indiquer ce régime. C'est là la raison qui m'a déterminé à passer sous silence le verbe ostiaque. Dans cette langue on fait pourtant une différence entre les formes du verbe transitif et celles de l'intransitif, 'ver,' *faire* ne se conjugant pas tout-à-fait comme 'men,' *aller*. Si l'on peut être tenté d'assimiler l'ostiaque au basque en disant que comme ce dernier il ne reconnaît pas de verbe transitif qui ne soit en même temps objectif quant à la forme, les preuves d'une telle asser-tion seraient au moins douteuses. En effet les formes du verbe ostiaque restent toujours les mêmes quels que soient la personne ou le nombre exprimés par le régime, ni plus ni moins que cela a lieu dans presque toutes les autres langues de l'Europe, et le régime pronominal est loin d'y être aussi patent qu'en hongrois, langue qui jouit en outre d'une conjugaison transitive indé-terminée bien distincte de l'objective, ce qui n'a pas lieu en ostiaque. La seule particularité du verbe de cette dernière langue ne consiste donc que dans la distinction qu'elle fait entre les formes transitives et les intransitives.

Quant au samoyède, il se trouve en dehors de mon cadre, n'ayant voulu quant à présent que comparer le basque avec les langues appelées finnoises dans l'acception la plus restreinte du mot.*

---

* Le samoyède suit l'ostiaque et il possède comme lui des formes duelles.

Malgré l'immense supériorité du basque sur le morduin, le vogoule et le hongrois, non seulement quant au nombre et à la variété des formes objectives pronominales, mais aussi quant à leur clarté logique et à leur usage, il n'en est pas moins constant que ces trois langues finnoises possèdent d'une manière non équivoque des formes objectives identiques à celles du basque, quoique elles ne puissent arriver à vrai dire qu'à constituer une conjugaison plus ou moins rudimentaire et confuse.

Que les linguistes en général et les *finnistes* en particulier puissent trouver dans cette analogie un des nombreux motifs qui doivent les engager à négliger un peu moins qu'ils ne l'ont fait jusqu'à présent l'étude de cette langue on ne peut plus intéressante.

IV. Harmonie et permutation des voyelles.

Le langue basque compte six voyelles, dont l'une, l'*u* français, n'appartient qu'au dialecte souletin et à quelques variétés du bas-navarrais. Les Souletins représentent en général par *ou* le son que tous les autres Basques donnent au signe *u* et qui n'est autre que celui de l'*ou* français, tandis qu'ils donnent au signe *u* la même valeur qu'il a en français. Je me servirai toujours du signe *u*, quel que soit le dialecte, pour représenter le son de l'*ou* français, et du signe *ü* pour celui de notre *u*. Nous aurons ainsi pour les six voyelles du basque : *a, e, i, o, u, ü*. L'*e* et l'*o* se prononcent comme dans les mots français *bonté, mot.*[7]

Les permutations des voyelles basques doivent se ranger sous deux catégories bien distinctes : 1° Celles qui sont dues à l'influence exercée par la voyelle qui suit sur celle qui précède immédiatement. 2° Celles qui ont lieu par l'influence de la voyelle qui précède sur celle qui suit, soit immédiatement, soit dans la syllabe consécutive.

L'*a*, l'*e* et l'*o* sont les seules voyelles qui puissent déterminer dans chacune des six autres les changements appartenant à la première catégorie, tandis que l'*i* et l'*u* sont les seules qui déterminent dans l'*a* exclusivement ceux de la seconde.

Ni tous les dialectes basques, ni toutes leurs variétés admettent les permutations euphoniques des voyelles, mais une fois admises, elles sont observées avec une régularité surprenante. Le quatrième tableau indique le nom des

---

[7] Dans certaines localités du Labourd, surtout à Ainhoa, l'*e* et l'*o* des terminaisons *ea, oa* se prononcent avec un son bien ouvert, comme dans les mots français *mes, botte.*

principales localités qui dans les six dialectes du basque admettent les permutations, ainsi que les différents systèmes auxquels ont peut les rapporter.

Parmi les quatre dialectes littéraires du basque, le guipuscoan et le labourdin s'écrivent et se prononcent en général sans permutations de voyelles. Le biscayen aussi est employé quelquefois de cette manière, mais la variété de Marquina étant en même temps celle de la majorité des auteurs, les changements de cette localité ont passé dans le biscayen écrit. Quant au souletin, il ne saurait exister sans permutations. Des deux autres dialectes non littéraires de l'euscara, le bas-navarrais suit le souletin, mais la plus grande variété domine dans le haut-navarrais qui m'a présenté à lui seul, selon les différentes localités que j'ai parcourues, tantôt des changements en usage dans les autres dialectes, tantôt des formes se refusant à toute permutation.

Quoique le guipuscoan littéraire s'écrive en général sans les changements dont nous venons de parler, il n'est pas une seule localité en Guipuscoa qui ne présente parmi le peuple tantôt l'une, tantôt l'autre permutation. L'absence totale de ces changements euphoniques n'appartient qu'au guipuscoan littéraire, soit écrit, soit parlé par les personnes qui tiennent à imiter la manière des auteurs. C'est à

Villareal et à Zumarraga que presque toutes les permutations disparaissent dans le langage du peuple; mais ici
même l'*u* n'ose pas se soustraire à la loi qui exige qu'un
b euphonique vienne s'interposer entre lui et l'*a* qui le suit."
En d'autres localités au contraire où cette loi cesse d'être
obligatoire, d'autres changements euphoniques se présentent
à leur tour.

Le labourdin littéraire n'est pas la seule variété de ce
dialecte qui se refuse aux permutations des voyelles. À Sare
et à Ainhoa, par exemple, le peuple lui-même suit l'usage
des auteurs; mais dans un très-grand nombre d'autres
localités les changements euphoniques sont en vigueur.

Le biscayen, de même que le guipuscoan, ne saurait pré-
senter une seule variété, soit en Biscaye, soit en Guipuscoa,
soit en Alava[9] qui refuse toutes les permutations des

    [8] Si je parle ici d'une interposition de consonne au sujet de permutations
de voyelles, c'est uniquement pour ne pas séparer des faits qui, quoique d'une
nature différente, se repètent toujours dans les mêmes circonstances, selon la
nature de la voyelle qui subit l'influence.

    [9] D'après les recherches les plus minutieuses que j'ai faites sur les lieux, je
ne crains pas d'avancer : 1° Que le biscayen est parlé non seulement dans toute
la partie de cette province où le basque est en usage, mais en outre dans une
partie du Guipuscoa et dans toutes les localités de l'Alava, peu nombreuses à
la vérité, où l'on ne parle pas exclusivement l'espagnol. 2° Que le guipuscoan
n'est parlé qu'en Guipuscoa, la seule des provinces basques où l'on parle par
tout l'euscara et qui soit en même temps entourée de pays faisant usage de

voyelles, et j'ai déja fait observer que les auteurs eux-mêmes ont adopté les changements euphoniques de Marquina. Il faut ajouter à cela que ceux des écrivains de ce dialecte qui ont repoussé d'une manière théorique les permutations euphoniques ont toujours respecté celle de l'*a* en *e* lorsque la première de ces voyelles devrait être suivi d'un autre *a*.[10]

Il est bon d'observer que les changements appartenant

cette langue. 3° Que le haut-navarrais n'est parlé que dans la Haute Navarre. 4° Que le labourdin n'est pas seulement parlé dans le Labourd, mais aussi à Urdax et Zugarramurdi dans la Haute Navarre. 5° Que le bas-navarrais est en usage en Basse Navarre et en même temps à Bardos en Labourd, à Domezain en Soule et à Valcarlos dans la Haute Navarre. 6° Que le souletin enfin étend son domaine hors de la Soule, soit à Esquioule dans l'arrondissement d'Oloron, soit dans les vallées de Salazar et surtout de Roncal dans la Haute Navarre, où l'on fait usage d'un dialecte qui ne peut être rapporté selon nous qu'au souletin. (Voyez pour plus de détails ma carte linguistique du Pays Basque.)

[10] Les mots qui se terminent en *a* à l'indéfini, tels que *alaba, arreba, aizpa* ou *aizta, illoba, iloba* ou *lloba, luma* devraient former leur indéfini par l'addition d'un autre *a*, ce qui donnerait *alabaa, arrebaa, aizpaa* ou *aiztaa, illobaa, lumaa*. Le fait prouve le contraire. Cependant il sera toujours utile de ne pas perdre de vue ces formes purement théoriques pour se rendre bien compte du changement d'*alaba, alabaren, alabari* en *alabea* ou *alabia, alabearen* ou *alabiaren, alabeari* ou *alabiari*, etc. Il faut remarquer en outre que les noms terminés en *a* à l'indéfini ne prennent de lettre euphonique qu'au singulier, car on ne dira jamais au pluriel *alabeak, alabeen, alabeai* ou *alabiak, alabien, alabiai*, mais toujours *alabaak* ou *alabak, alaben, alabaai* ou *alabai*.

à la seconde catégorie ne sont connus qu'en Espagne, qu'ils n'ont jamais été adoptés par les auteurs dans aucun dialecte et que c'est maintenant que l'on en parle pour la première fois d'une manière aussi générale, comparative et pratique. Ils ne laissent pourtant pas que d'être fort intéressants pour les linguistes, soit à cause de leur régularité systématique qui s'oppose à ce qu'on les considère comme d'insignifiantes corruptions, soit sous le rapport de l'analogie et de la divergence simultanées qu'ils présentent, comme nous le verrons plus tard, avec les permutations harmoniques et dualistiques des langues finnoises en général et plus particulièrement du finnois et du hongrois.

I. Du Changement d'une voyelle déterminé par la présence d'une autre voyelle qui suit immédiatement.

L'*a* qui précède ou qui devrait* précéder un autre *a* doit se changer en *e* ou en *i,* ou ne pas subir d'altération, selon le dialecte ou la variété que l'on adopte. Ainsi ‘alaba,’ *fille;* ‘arreba,’ *sœur (d'un homme);* ‘aizpa’ ou en biscayen ‘aizta,’ *sœur (d'une femme);* ‘illoba,’ *neveu* (en haut-navarrais *iloba,* en biscayen *lloba);* ‘luma,’ *plume,*

* Voyez la note 10.

ou ne changent pas au défini comme cela a toujours lieu dans de certaines variétés, ou ils se transforment toujours selon d'autres en *alabea, arrebea, aizpea* ou *aiztea, ilobea* ou *llobea, lumea,* ou bien en *alabia, arrebia, aizpia* ou *aiztia, illobia, llobia* ou *ilobia, lumia* d'après l'usage de certaines autres localités.

L'*e* qui précède un *a*, un *e*[11] ou un *o* ne peut que se changer en *i* quand il ne demeure pas invariable. 'Seme,' *fils* fait au défini *semea* ou *semia;* 'beor,' *jument* peut se transformer en *bior*, 'deabru,' *diable* en *diabru*.

L'*i* à la vérité ne subit jamais de transformation lorsqu'il est suivi d'un *a*, d'un *e* ou d'un *o*, mais il exige dans le dialecte de certaines localités qu'un *j* ou un *y*[12] vienne

---

[11] L'*e* qui précède un autre *e* ne se transforme en *i* que dans la variété d'Orozco et de Barambio et de quelques autres localités limitrophes jusqu'aux environs de Bilbao. Cette règle toutefois ne s'applique pas au génitif pluriel, car 'semeen,' *des fils* ne se change pas en *semien*, quoique 'deutsee,' *ils le leur ont* se transforme en *deutsie*. Quant à la variété d'Orozco et de Barambio, malgré l'autorité du P. Zavala, elle suit en général les permutations de la vallée d'Arratia et non pas celle du centre, comme le prétend cet excellent grammairien basque.

[12] Le son de cet *y* ou *j* euphonique, que j'ai étudié avec le plus grand soin, offre des difficultés quant à sa prononciation dans les dialectes basques en général, mais surtout en biscayen. Lorsqu'il ne reçoit que le son de l'*y* en *payer*, qui est le même que celui de *ll* en *fille* prononcé selon le bon usage du nord de la France, je l'indique par *y*. Il reçoit toujours ce son dans les

s'interposer entre lui et la voyelle dont il est suivi. C'est ainsi que ' mendi,' *montagne* fait au défini *mendia, mendija* ou *mendiya* et que ' mendien,' *des montagnes* ; ' mendian,' *dans la montagne* ; ' biotz,' *coeur* peuvent se changer en *mendijen* ou *mendiyen, mendijan* ou *mendiyan, bijotz* ou *biyotz*.

N.B.—L'*i* provenant de la transformation de l'*e* et de l'*u* ne demande jamais de *j* ou d'*y* après lui.

L'*o* suivi d'un *a* ou d'un *e* peut se changer en *u* ou

variétés de la Haute Navarre qui font usage de cette lettre euphonique, et cette prononciation est même celle que l'on entend le plus généralement dans la partie du Guipuscoa appelée Beterri, quoique le son de l' *y** de la partie appelée Goyerri ait fait irruption dans le Beterri le plus occidental. Je n'ai pu me convaincre de l'existence de l'*y*, comme lettre euphonique venant après l' *i*, dans aucune variété du basque français.

La prononciation de l'*y* guipuscoan de Goyerri n'a jamais lieu en France entre deux voyelles, quoiqu'elle y soit très-fréquente au commencement des mots ou d'une syllabe quelconque qui ne soit pas précédée d'une voyelle. Si cette dernière précède, c'est le son de l'*y* qui a lieu. Voilà pourquoi en labourdin les mots ' jauna,' *seigneur* ; ' birjina,' *vierge* ont été avec grande raison écrits sans *y* et que l'*y* a été employé dans ' anaya,' *frère.* Le guipuscoan en outre donne toujours le son du *j* guttural espagnol à cette lettre quand elle ne joue pas un rôle euphonique.

Quant à la prononciation de l'*y* labourdin que l'on indique très souvent par *j*, il faut bien se garder de la confondre avec celle de l'*y*, et puisque la

---

* J'indique par ce signe le son de Goyerri, par *y* celui du *j* espagnol, par *j* le son du *j* français et souletin et par *j* la prononciation biscayenne.

exiger devant la première de ces voyelles un *b* ou même un *m*.[15] ' Arto,' *pain de maïs* peut devenir à l'indéfini *artoa, artua, artoba* et même *artoma*. De même ' artoen,' *des pains ;* ' doa,' *il va* peuvent se transformer en *artuen, dua ou doba*. L'interposition du *m* est trouvée généralement on ne peut plus

première se trouve être la même que celle de l' *y* euphonique guipuscoan, ce que je vais dire de cette dernière pourra lui être appliqué.

L'*y* euphonique guipuscoan peut être défini comme un *gu* mouillé, tandis que le *j* euphonique biscayen pourrait recevoir la définition d'un *d* mouillé. Le *y* du mot labourdin *yauna (jauna)* et celui du guipuscoan de Goyerri *mendiya* paraissent participer eux-mêmes de la nature du *d*, mais cela tient uniquement à leur nature de lettres mouillées. Un vrai *d* mouillé se prononce autrement, et le dialecte biscayen nous en fournit la meilleure preuve. Le *j* de *mendija* biscayen est une lettre dentale, l'*y* de *mendiya* guipuscoan en est une gutturale. L'une est à l'autre ce que le *d* de *dé* est au *gu* de *gué*. Or comme la dénomination de lettres palatales appliquée au *k* (*qu*), au *g* (*gu*) et au *n* de l'espagnol et de l'italien *vengo*, ou au *ng* de l'anglais *singing* ou du gallois *ngwr* a été substituée par celle plus correcte de gutturales explosives, le nom de gutturale douce mouillée me paraît convenir le mieux à l'*y* euphonique guipuscoan et celui de dentale douce mouillée au *j* euphonique biscayen.

Ce dernier reçoit souvent dans la bouche de certaines personnes le son du *ch* français, ce qui est universellement regardé comme une détestable corruption. C'est ainsi que le mot *mendi* qui à l'indéfini se prononce d'une seule manière dans tous les dialectes, en devenant défini offre les prononciations suivantes: *mendia, mendiya, mendiya, mendija, mendicha* (*ch* francais).

[15] L'interposition du *b* est exclusive à la variété d'Orozco et de Barambio et les gens les plus grossiers du pays montueux d'Ergoyen, surtout les vieillards, préfèrent souvent le *m* au *b*. Le son de ce *b* est identique ou du moins fort ressemblant à celui du *w* anglais.

E

grossière et ridicule, mais elle n'en est pas moins en usage pour cela chez quelques paysans d'une certaine localité.

L'*u* suivi d'un *a*, d'un *e* ou d'un *o* peut ou exiger l'interposition d'un *b*,[14] ou celle d'un *y*,[15] ou bien se changer en *i*.[16] 'Buru,' *tête* forme au défini *burua, buruba, buruya* ou *buria*. De même 'buruan,' *dans la tête ;* 'buruen,' *des têtes ;* 'madarikatuok,' *vous maudits* peuvent devenir *buruban, buruben, madarikatubok ; buruyan, buruyen, burian* ou *burien*.

[14] Le *b* euphonique qui vient après l'*u* se prononce comme le *w* anglais ou à peu près dans le Labourd et dans plusieurs localités limitrophes de l'Espagne, telles qu' Arrayoz dans la vallée navarraise de Baztan, etc. Cette remarque s'applique aussi à la variété d'Orozco en Biscaye et de Barambio en Alava.

[15] L'interposition de l'*y* est propre de cette variété du dialecte labourdin qui s' étend depuis St. Pierre d'Irube inclusivement jusqu'à Bardos exclusivement, où le dialecte est déja bas-navarrais mixain avec le son de l'*ü*. Cette singulière propriété se perd en allant plus à l'ouest. On entend quelquefois la terminaison *uya* du Labourd prononcée *üya* avec le son de l'*u* français, mais elle n'est pas constante, l'autre *uya* étant la propre du dialecte labourdin de ces localités. Cependant le mot 'suya' *le feu*, forme définie de ' su,' *feu* renferme bien l'*ü* en souletin et dans cette partie de la Basse Navarre qui possède l'*ü*, de même qu'à Bardos, car ce mot par exception ne se transforme pas en *sia* comme 'bürü,' *tête* etc. qui fait *büria* au défini, mais suit la loi labourdine d'Hasparren qui exige l'*y* euphonique entre les deux voyelles, et se prononce *süya* ou *suya* selon le dialecte.

[16] Le changement de l'*u* en *i* est propre du bas-navarrais et du souletin espagnol de la vallée de Roncal. Ce dernier, ainsi que celui de la vallée de Salazar, ne connaît pas l'*u* français.

N.B.—L'*u* provenant de l'*o* ne demande jamais de consonne intermédiaire, ni [ne] se change jamais en *i*.   La même observation s'applique à l'*u* du souletin et des variétés bas-navarraises possédant l'*ü*.   L'*u* correspond alors à l'*o*, comme dans le souletin 'ardu,' *vin*, (*ardau, ardao, ardo, arno, no* dans les autres dialectes), et reste invariable.

L'*ü* suivi d'un *a* ou d'un *e* se change toujours en *i*,[17] de sorte que 'bürü,' *tête* doit faire au défini *büria* et ne peut jamais être prononcé *bürüa*.   Il en est de même de 'bürian,' *dans la tête*, de 'bürien,' *des têtes*, de *dian* forme relative de 'du,' *il a*, qui ne pourraient jamais être prononcés *bürüan*, *bürüen* ou *düan*.   Cela tient uniquement à ce que l'*ü* n'appartient qu'au souletin et en partie au bas-navarrais, seuls dialectes du basque qui ne sauraient exister sans les permutations euphoniques.[18]

[17] La permutation de l'*ü* en *i* appartient au souletin et aux variétés bas-navarraises possédant l'*ü*.

[18] Je ne puis m'empêcher à ce sujet de faire remarquer aux linguistes un grand inconvénient qui existe en souletin et en bas-navarrais et qui dépare surtout le premier dialecte, si important d'ailleurs à cause de sa forme respectueuse dans le verbe et de l'usage on ne peut plus logique qu'il en fait.

Dans ce joli dialecte basque en effet, si l'on en excepte la variété espagnole de la vallée de Salazar qui n'admet pas de permutations et qui est loin de son côté de jouir d'une forme respectueuse aussi développée que celle de la variété de la Soule, les mots qui à l'indéfini se terminent en *e*, en *i* et en *ü* forment indistinctement leur défini en *ia*!   Cela cause de la confusion.   Il ne faut pas en accuser les permutations euphoniques, mais seulement l'usage que

II. Du changement d'une voyelle déterminé par la présence
     d'une autre voyelle qui la précède, soit immédiatement,
     soit dans la syllabe antérieure du même mot, soit dans la
     dernière syllabe du mot qui précède.

L'*a* peut se changer en *e*[19] lorsqu'il est précédé d'un *i* ou
d'un *u* : 1° Immédiatement. 2° Dans la syllabe antérieure

ce dialecte en fait. Le biscayen littéraire admet aussi ces changements,
mais la confusion n'y existe pas, car l'*e* se transforme en *i*, l'*i* exige un *j*
euphonique après lui et l'*u* ne se convertit jamais en *i*, mais il prend un *b*
euphonique. *Semia* ne peut dériver que de *seme*, de même que *mendija* et
buruba ne peuvent être rapportés qu'à *mendi* et à *buru* par celui qui
est au courant des permutations biscayennes. En souletin les choses ne
se passent pas d'une manière aussi commode. Celui qui étudie le basque dans
ce dialecte et qui connaît les lois de ses changements, à moins qu'il n'ait
affaire avec des noms définis non terminés en *e*, en *i* ou en *ü*, ne saura
jamais à quelle forme radicale rapporter ceux qui se terminent ainsi, lorsqu'ils se présentent sous la forme définie. C'est ainsi que les mots ' mende,'
siècle; ' mendi,' *montagne* ne peuvent être distingués par lui au défini,
mendia signifiant tout aussi bien le *siècle* que *la montagne.* Il se de-
mandera en outre, dans son ignorance de la langue qu'il veut apprendre,
si *mendia* ne dérive pas de *mendu.* De même *buria*, se demandera-t-il,
derive-t-il de *büre*, de *büri* ou de *bürü?* en supposant souvent des mots qui
n'existent pas.

[19] L'*e* qui dérive d'un *a*, dans plusieurs parties de la Haute Navarre se
prononce comme un *è* bien ouvert, surtout dans quelques localités de la vallée
de Baztan, telles qu'Almandoz, Arrayoz; dans la vallée d'Ulzama, etc.

du même mot. 3° Dans la dernière syllabe du mot qui précède pourvu que le mot qui suit soit un monosyllabe. D'après cette règle *begia* défini de 'begi,' *oeil;* 'zerua,' *le ciel* défini de zeru; 'izar,' *étoile;* 'bular,' *poitrine;* 'aita,' *père;* 'luma,' *plume;* 'argi bat,' *une lumière;* 'jaun bat,' *un monsieur;* 'etorri da,' *il est venu;* 'sartu da,' *il est entré* se changent selon certaines variétés du basque en *begie, zerue, izer, buler, aite, lume, argi bet, jaun bet, etorri de, sartu de,* ou bien, d'après d'autres, ils demeurent invariables. Telle localité adoptera constamment le changement de l'*a* en *e* dans les trois cas que nous venons de nommer, telle autre fera constamment une exception en faveur du troisième et telle autre enfin, selon des circonstances on ne peut mieux déterminables, en faveur du deuxième cas.[20]

L'*a* précédé de l'*u* et suivi du *n* se change aussi d'une manière régulière en *i*, mais cela n'a lieu que dans la variété biscayenne d'Orozco et de Barambio, où l'on entend *buruin* pour 'buruan,' *dans la tête;* *zeruin* pour 'zeruan,' *dans le ciel,* etc.

Quoique ces permutations de la seconde catégorie

[20] C'est ainsi qu'à Ochandiano, quoique l'*a* se change en *e* lorsqu'il est précédé d'un *i* ou d'un *u* dans la syllabe antérieure, une exception a lieu pour les mots qui à l'indéfini se terminent en *a*, tels que *aita*. (Voyez le quatrième tableau.)

n'aient pas été adoptées par les auteurs, elles ne laissent pas que d'être fort en usage parmi la majorité des Biscayens et la presque totalité des Alavais, peu nombreux à la vérité, qui parlent encore le basque. Une partie assez considérable de ceux qui parlent le guipuscoan et un nombre plus imposant encore de Haut-Navarrais continuent, malgré les dialectes littéraires, d'observer les règles qui régissent ces changements d'après leur usage traditionnel très-varié, mais en même temps très-constant pour chaque agglomération linguistique.

Les dialectes basques de France, de même que certaines variétés du haut-navarrais, tout en ignorant ce genre de permutations, peuvent simuler jusqu' à un certain point ces formes en *e* exclusives au basque espagnol. Il sera néanmoins toujours très-aisé de reconnaître que l'*e* d'*alabek, semeek, mendiek, gizonek, buruek* du basque français n'a rien de commun avec l'*e* de *mendiek* et *buruek* des variétés basques d'Espagne. En effet dans ces dernières *mendiek* et *buruek* peuvent être employés tout aussi bien comme actifs du singulier et nominatifs du pluriel que comme actifs du pluriel, ni plus ni moins que *mendiak* et *buruak* dont ils ne sont après tout que des variantes euphoniques. En outre *alabek, semeek, gizonek* sont des formes impossibles en basque espagnol, qui n'admet

jamais le changement de l'*a* en *e* après l'*a* l'*e* et l'*o*, le
pouvoir d'opérer une telle métamorphose appartenant exclusivement à l'*i* et à l'*u*.   Mais en France les choses
se passent tout autrement.   Le rôle que l'*e* y joue dans les
dialectes basques n'a rien d'euphonique; il est idéologique,
puisqu'il sert à distinguer l'actif du pluriel du nominatif du
même nombre, nominatif qui en France comme en Espagne
se trouve être toujours identique avec l'actif du singulier.
C'est à cause de cette distinction importante que le basque
français ne néglige jamais à son grand avantage de faire
au pluriel, comme elle est toujours faite dans tous les
dialectes au singulier, que les formes *mendiek*, etc. ne
peuvent jamais appartenir qu'à l'actif du pluriel, tandis
qu'en basque espagnol elles peuvent à son grand détriment
s'appliquer, de même que les formes *mendiak*, etc., soit à
l'actif singulier, soit au nominatif pluriel, soit à l'actif
pluriel.

III. Combinaison des permutations des deux catégories précédentes entre elles.

Lorsqu'une variété admet les deux genres de permutations dont il vient d'être traité, il doit nécessairement arriver que l'*a*, l'*e* et l'*o* se transforment en *i* et en *u*. Ces dernières voyelles, qui figurent comme effet parmi les changements de la première catégorie, ne pourront jamais manquer de figurer comme cause parmi ceux de la seconde, toutes les fois qu'elles seront immédiatement suivies d'un *a*. La variété biscayenne d'Ochandiano admet les deux genres de permutations, celle de Marquina n'admet que les changements appartenant à la première catégorie et celle de la vallée d'Arratia seulement ceux de la seconde. Les noms définis ' alaba,' *la fille ;* 'semea,' *le fils ;* 'begia,' *l'oeil ;* ' olloa,' *la poule ;* 'burua,' *la tête* qui à Marquina se prononcent *alabia, semia, begija, ollua, buruba* et qui dans la vallée d'Arratia figurent comme *alabea, semea, begie, olloa, burue* devront nécessairement à Ochandiano, obligés par la double loi adoptée par cette variété, se transformer, comme il se transforment en effet constamment, en *alabie, semie, begije, ollue, burube* !!!

*   *   *   *   *   *   *

Si l'on prend pour base de la classification des voyelles basques leur changements euphoniques, elles viennent se ranger naturellement en deux groupes, dont le premier comprendra les voyelles *a, e, o*, et le second les voyelles *i, u*. J'appliquerai aux premières la qualification de *dures* et celles de *douces* aux secondes, et cela uniquement dans le but de faciliter la comparaison des permutations des voyelles basques avec celles des langues finnoises, les grammairiens qui ont le mieux étudié ces dernières langues se servant depuis longtemps de ces dénominations.

Le caractère distinctif des voyelles dures de la langue basque consiste :

1º Dans le pouvoir qu'elles ont de déterminer le changement des voyelles *e* et *o* dont elles sont immédiatement précédées, en *i* et *u*, c'est-à-dire en voyelles douces. C'est ainsi que ' bear,' *devoir ;* ' olloa,' *la poule* deviennent *biar, ollua* et qu'en bas-navarrais et en souletin *buru* ou *bürü* ont pour défini ' buria,' ou ' büria,' *la tête*, car dans ces deux dialectes l'*u* et l'*ü* aussi doivent toujours se transformer

F

en *i*. Si au contraire les voyelles *e*, *o*, précèdent immédiatement des voyelles douces ou l'*ü*, les premières resteront
toujours immuables. ‘ Odei,’ *nuage ;* ‘ euri,’ pluie ; ‘ eüri,’
pluie ; ‘ turmoi,’ *tonnerre* ne deviendront jamais dans aucune
des nombreuses variétés basques, *odii,* ni *iuri,* ni *iüri,* ni
turmui.

2° Dans un genre tout-à-fait différent d'influence qu'elles
exercent sur les voyelles *i* et *u* qui, bien loin de subir un
changement quelconque, sont au contraire forcées d'adopter
immédiatement entre elles et la voyelle dure une consonne
leur alliée, presque dirait-on dans le but de lui demander
de les garantir de toute espèce de métamorphose. ‘ Mendia,’
la montagne ; ‘ eskua,’ *la main* deviendront, selon les dialectes, *mendija, mendiya, mendiya, eskuba* et même *eskuya*
d'après la variété labourdine d'Hasparren, de même que selon
les variétés d'Orozco, Ergoyen et Barambio on aura *olloba*
ou *olloma* comme formes définies de ‘ ollo,’ *poule,* au lieu de
olloa, puisque dans ces variétés l'*o* aussi jouit de la propriété de prendre une consonne labiale intermédiaire devant
la voyelle dure, ni plus ni moins que cela appartient à l'*u*
en d'autres variétés. Que si les voyelles *i*, *u* précèdent
immédiatement des voyelles douces comme elles le sont
elles-mêmes, elles ne prendront jamais de consonne intermédiaire après elles, car on ne dira jamais dans aucun

dialecte *bijurtu,* ni *biyurtu,* ni *biyurtu,* mais toujours immuablement ' biurtu,' *revenir.*

Quant aux voyelles douces *i* et *u,* elles sont caractérisées par la propriété qu'elles possèdent de changer l'*a* en *e,* voyelle dure. C'est ainsi que ' mutilla,' *le garçon* et ' bularra,' *la poitrine* se transforment en *mutille* et *bulerra.* La seule exception connue et qui consiste dans la permutation de l'*a* en *i,* voyelle douce, déterminée par l'*u* qui précède, est fournie par la variété d'Orozco et de Barambio qui exige un tel changement quand un *n* suit d' après les formes naturelles les deux voyelles *ua. Buruan* en effet dans cette variété n'est pas *buruen* mais *buruin,* quoique pour ' burua,' *la tête* elle admette *burue* et non pas *burui.* Les voyelles fortes au contraire ne produiront jamais le changement de l'*a* en *e* dans aucune variété du basque, car ' arana,' *la prune;* ' izena,' *le nom;* ' olloa,' *la poule* cesseraient d'appartenir à cette langue du moment qu'on les transformerait en *arane; izene, olloe.*

En résumé les voyelles dures sympathisent en basque avec les voyelles douces et celles-ci avec les dures quand il s'agit de permutations. En ' semea,' *le fils,* l'*e* se change en *i* dans les variétés qui emploient *semia,* parceque l'*i,* voyelle douce, s'harmonise avec l'*a,* voyelle dure, tandis que dans 'mendie,' *la montagne,* l'*a* dur de la forme natu relle *mendia* s'est changé en *e* pour s'harmoniser avec l'*i*, voyelle douce.

Il est impossible de ne pas reconnaître dans les variétés basques qui admettent les permutations une espèce de combat que les voyelles se livrent entre elles pour se forcer réciproquement à la permutation. C'est ainsi que l'on voit l'*a* de *semea* et *olloa* forcer l'*e* et l'*o* qui le précèdent immédiatement à se transformer en *i* et *u*, comme dans *semia* et *ollua*. Cependant l'*i* et l'*u* eux-mêmes savent se soustraire au pouvoir métamorphosant de l'*a*, soit à cause de leur propre force, soit grâce à celle qui leur est prêtée par les consonnes alliées qui viennent s'interposer entre les deux voyelles ennemies. En effet l'*i* de *mendia* et l'*u* de *burua* ne changent pas devant l'*a*; ils lui résistent sous la forme de *mendija* et *buruba*, et savent en outre à leur tour forcer l'*a* lui-même à se convertir en *e*, de même que la première de ces voyelles a forcé l'*e* et l'*o* a se changer en *i* et *u*. Les mots *mendie* et *burue*, formes dérivées de *mendia* et *burua*, en sont la preuve.

Les langues finnoises en général, mais plus particulièrement le finnois et le hongrois, observent les règles de l'harmonie des voyelles. De même que dans plusieurs variétés de la langue basque une voyelle en appelle impérieusement une autre, dans la langue finnoise et surtout dans la hongroise certaines voyelles ne veulent absolument s'associer qu'à leurs alliées. C'est ainsi qu'en finnois les voyelles dures *a, o, u* sympathisent entre elles, de même que les voyelles douces *ä, ö, y*. En hongrois *a, á, o, ó, u, ú* qui constituent les voyelles dures n'ont de l'affinité qu'entre elles-mêmes, tandis que les douces, *e, ö, ö, ü, ü* aiment à se trouver ensemble dans deux syllabes successives. 'Fal,' *muraille ;* 'bor,' *vin ;* 'rûd,' *perche* font leur pluriel en *ak, ok : falak, borok, rúdak* par la même raison que 'kep,' *image* le forme en *ek : kepek*. De même 'asztal,' *table ;* 'vágni,' *couper* donnent lieu à 'vágok,' *je coupe ;* 'vágunk,' *nous coupons ;* 'vágtam,' *j'ai coupé ;* 'asztalom,' *ma table ;* 'asztala,' *sa table ;* 'asztaluk,' *leur table,* obéissant aux mêmes lois harmoniques qui exigent que 'kesem,' *mon couteau ;* 'kese,' *son couteau ;* 'kesük,' *leur couteau ;* 'tépek, je déchire ;* 'tépünk,' *nous déchirons ;* 'téptem,' *j'ai déchiré ;* 'küldöm,' *je l'envoye* soient les formes appartenant à *kes, tépni, küldeni*.

Après avoir fait remarquer l'analogie qui passe entre le basque et les langues finnoises quant au grand principe de l'affinité des voyelles, je ne puis me permettre de passer sous silence la différence qu'elles présentent quant à l'application du principe lui-même. En effet la sympathie des voyelles ne se manifeste en basque qu'entre celles d'un groupe différent, tandis que dans les langues finnoises elle a lieu entre les voyelles d'un même groupe.

Les dures avec les douces et les douces avec les dures, c'est là la règle du basque : l'ANTAGONISME :

Les dures avec les dures et les douces avec les douces est celle des langues finnoises : le DUALISME.

La CONJUGAISON OBJECTIVE PRONOMINALE DU PRÉSENT DE L'INDICATIF, OU TABLEAUX COMPLETS DES RAPPORTS DE SUJET À RÉGIME EXPRIMÉS PAR LES FORMES DU VERBE BASQUE, MORDUIN, VOGOULE ET HONGROIS.

I. FORMES TRANSITIVES RENFERMANT UN RÉGIME DIRECT.

	Basque.				Morduin.	Vogoule.	Hongrois.
	Indéfini.	*Masculin.*	*Féminin.*	*Respectueux.*			
Il le—	du	dik	diñ	dizü	sodosako	kiotitä (1)	vágja (1)
Il—eux deux						kietiägä (1)	
Il les—	ditu	zetik	zetiñ	ditizü	sodasynze	kietiänä (1)	vágja (2)
Il te—	zaitu	auka, au	auua, au		sodatanzat	kietitä (2)	
Il—vous deux						kietiägä (2)	
Il vous—	zaituzte(1)				sodatadyz (1)	kietiänä (2)	
Il me—	nau	nachiok	nachion	nizü	sodasamam*		
Il nous—	gaitu	gachetik, gai-[tzetik	gachetin, gai-[tzetin	gitizü	sodasamiz* (1)		
Eux deux le—						kietiten (1)	
Eux deux—eux deux						kietiägen (1)	
Eux deux les—						kietiänen (1)	
Eux deux te—						kietiten (2)	
Eux deux—vous deux						kietiägen(2)	
Eux deux vous—						kietiänen (2)	
Ils le—	dute	ditek	diten	dizio	sodasyz (1)	kietiänl (1)	vágják (1)
Ils—eux deux						kietiien (1)	
Ils les—	dituzte	zetitek	zetiten	ditizio	sodasyz (2)	kietiänl (2)	vágják (2)
Ils te—	zaituzte(2)	aukato, auto	aunate, auto		sodatadyz (2)	kietiänl (3)	
Ils—vous deux						kietiäen (2)	
Ils vous—	zaituztee				sodatadyz (3)	kietiänl (4)	
Ils me—	naute	nachiotek	nachioten	nizie	sodasamiz* (2)		
Ils nous—	gaituzte	gachetitek, gai-[tzetitek	gachotiten, gai-[tzetiten	gitizie	sodasamiz* (3)		
Tu le—	dezu	dek	den		sodasak	kietilen (1)	vágod (1)
Tu—eux deux						kietiän (1)	
Tu les—	dituzu	dituk	ditun		sodasi	kietiän (2)	vágod (2)
Tu me—	nazu	nauk	naun		sodasamak*		
Tu nous—	gaituzu	gaituk	gaitun		sodasamiz* (4)		
Vous deux vous le—						kietilän	
Vous deux vous—eux deux						kietiägen (3)	
Vous deux vous les—						kietiän (3)	
Vous le—	dezute				sodasynk (1)	kietilen (2)	vágjátok (1)
Vous—eux deux						kietiäen (3)	
Vous les—	dituzute				sodasynk (2)	kietiän (4)	vágjátok (2)
Vous me—	nazute				sodasamiz* (5)		
Vous nous—	gaituzute				sodasamiz* (6)		
Je le—	det	dikat	diñat	dizüt, dit	sodase	kietilem (1)	vágom (1)
Je—eux deux						kietiäum (1)	
Je les—	ditut	zetikat	zetiñat	ditizüt, ditit	sodasyn	kietiänem (1)	vágom (2)
Je te—	zaitut	aukat, aut	aunat, aut		sodatam	kietilem (2)	váglak (1)
Je—vous deux						kietiäum (2)	
Je vous—	zaituztet				sodatadyz (4)	kietiänem (2)	váglak (2)
Nous deux nous le—						kietilämen (1)	
Nous deux nous—eux deux						kietiäumen (1)	
Nous deux nous les—						kietiänmen (1)	
Nous deux nous te—						kietilämen (2)	
Nous deux nous—vous deux						kietiäumen (2)	
Nous deux nous vous—						kietiänmen (2)	
Nous le—	degu	dikagu	diñagu	dizügü	sodasynek (1)	kietilu (1)	vágjuk (1)
Nous—eux deux						kietiäu (1)	
Nous les—	ditugu	zetikagu	zetiñagu	ditizügü	sodasynek (2)	kietiänu (1)	vágjuk (2)
Nous te—	zaitugu	aukagu, augu	aunagu, augu		sodatadyz (5)	kietilu (2)	
Nous—vous deux						kietiäu (2)	
Nous vous—	zaituztegu				sodatadyz (6)	kietiänu (2)	

* Ces formes appartiennent au présent du subjonctif.

N.B.—LES NUMÉROS PLACÉS APRÈS LES FORMES VERBALES EN INDIQUENT LE DOUBLE EMPLOI.

	Indéfini.	Masculin.	Féminin.	Respectueux.
Il le lui—	dio	ziok, ziokak	zion, zionan	diozü
Il les lui—	dizkio, diozka	zizkiok, ziozkak	zizkion, ziozkan	ditzozü, ditzotzü
Il le leur—	die, diote (1)	ziek, ziotek (1)	zien, zioten (1)	diezü
Il les leur—	diezte, dizkiote (1), diozkate (1)	zizkiekatek, ziezkatek	zizkienaten, zieznaten	ditzezü, ditzetzü
Il te le—	dizu	dikik	dikiñ	
Il te les—	dizkizu	dizkik	dizkiñ	
Il vous le—	dizute (1)			
Il vous les—	dizkizute			
Il me le—	dit	zidak	zidan	ditazü
Il me les—	dizkit	zizkidak	zizkidan	diztatzü
Il nous le—	digu	ziguk	zigun	diküzü
Il nous les—	dizkigu	zizkiguk	zizkigun	dizkützü
Ils le lui—	diote (2)	ziotek (2), ziokatek (1)	zioten (2), ziokaten (1)	diozie
Ils les lui—	dizkiote (2), diozkate (2)	zizkiotek, ziozkatek	zizkioten, ziozkaten	ditzozie
Ils le leur—	diete, diotee	zietek, ziokatek (2)	zieten, ziokaten (2)	diezie
Ils les leur—	dieztee, dizkiotee, diozkatee	zizkiekateek, ziezkateek	zizkienateen, zieznateen	ditzezie
Ils te le—	dizute (2)	dikitek, dikikate	dikiten, dikiñate	
Ils te les—	dizkizute	dizkitek, dizkikatek	dizkiten, dizkiñaten	
Ils vous le—	dizutee			
Ils vous les—	dizkizutee			
Ils me le—	didate	zidatek	zidaten	ditazie
Ils me les—	dizkidate	zizkidatek	zizkidaten	diztatzie
Ils nous le—	digute	zigutek	ziguten	diküzie
Ils nous les—	dizkigute	zizkigutek	zizkiguten	dizkützie
Tu le lui—	diozu	diok	dion	
Tu les lui—	dizkiozu, diozkazu	dizkiok, diozkak	dizkion, diozkan	
Tu le leur—	diezu, diotezu	diek, diotek	dien, dioten	
Tu les leur—	dieztezu, dizkiotezu, diozkatezu	dizkiekatek, diezkatek	dizkienaten, dieznaten	
Tu me le—	didazu	didak	didan	
Tu me les—	dizkidazu	dizkidak	dizkidan	
Tu nous le—	diguzu	diguk	digun	
Tu nous les—	dizkiguzu	dizkiguk	dizkigun	
Vous le lui—	diozute			
Vous les lui—	dizkiozute, diozkazute			
Vous le leur—	diezute, diotezute			
Vous les leur—	dieztezute, dizkiotezute, diozkatezute			
Vous me le—	didazute			
Vous me les—	dizkidazute			
Vous nous le—	diguzute			
Vous nous les—	dizkiguzute			
Je le lui—	diot	ziokat	zioñat	diozüt, diot
Je les lui—	dizkiot, diozkat	zizkiokat, ziozkat	zizkionat, ziozuat	diotzüt, ditzot
Je le leur—	diet, diotet	ziekat, ziotekat	zieuat, ziotenat	diezüt, diet
Je les leur—	dieztet, dizkiotet, diozkatet	zizkiekatet, ziezkatet	zizkienatet, zieznatet	ditzezüt, ditzet
Je te le—	dizut	dikikat	dikiñat	
Je te les—	dizkizut	dizkikat	dizkiñat	
Je vous le—	dizutet			
Je vous les—	dizkizutet			
Nous le lui—	diogu	ziokagu	zionagu	diozügü
Nous les lui—	dizkiogu, diozkagu	zizkiokagu, ziozkagu	zizkionagu, zioznagu	ditzozügü, diotzügü
Nous le leur—	diegu, diotegu	ziekagu, ziotekagu	zienagu, ziotenagu	diezügü
Nous les leur—	dieztegu, dizkiotegu, diozkategu	zizkiegutek, ziezkagutek	zizkieguten, zieznaguten	ditzezügü, dietzügü
Nous te le—	dizugu	dikikagu	dikiñagu	
Nous te les—	dizkizugu	dizkikagu	dizkiñagu	
Nous vous le—	dizutegu			
Nous vous les—	dizkizutegu			

III. Formes intransitives avec régime indirect, propres du basque.

	Indéfini.	Masculin.	Féminin.	Respectueux.
Il lui—	zayo	zayok, zayokak	zayon, zayonan	ziozü
Il leur—	zaye, zayote	zayek, zayotek	zayen, zayoten	ziezü
Il te—	zatzu	zak	zan	. . . .
Il vous—	zazute	. . .	. . . .	. . . .
Il me—	zat	zatadak	zatadan	zitazü
Il nous—	zagu	zaguk	zagun	ziküzü
Ils lui—	zazkio, zayozka	zazkiok, zayozkak	zazkion, zayozkan	zitzozü, zitzotzü
Ils leur—	zayezte, zazkiote, zayoz-	zazkiek, zayozkatek	zazkien, zayozkaten	zitzezü, zitzetzü
Ils te—	zazkizu [kate	zazkik	zazkin	. . . .
Ils vous—	zazkizute	. . .	. . . .	. . . .
Ils me—	zazkit	zazkidak	zazkidan	ziztatzü
Ils nous—	zazkigu	zazkiguk	zazkigun	zizkützü
Tu lui—	zatzayo	atzayok, atzayokak	atzayon, atzayonan	. . . .
Tu leur—	zutzaye, zatzayote	atzayek, atzayotek	atzayen, atzayoten	. . . .
Tu me—	zatzat	atzadak, atzat	atzadan, atzat	. . . .
Tu nous—	zatzagu	atzaguk	atzagun	. . . .
Vous lui—	zatzazkio, zatzayozka	. . . .	. . . .	. . . . .
Vous leur—	zatzayezte, zatzazkiote,	. . . .	. . . .	. . . . .
Vous me—	zatzazkit [zatzayozkate	. . . .	. . . .	. . . . .
Vous nous—	zutzazkigu	. . . .	. . . .	. . . .
Je lui—	natzayo	natzayok, natzayokak	natzayou, natzayonan	nitzozü
Je leur—	natzaye, natzayote	natzayek, natzayotek	natzayen, natzayoten	nitzezü
Je te—	natzazu	natzak	natzau	. . . .
Je vous—	natzazute	. . . [kak	. . . [kan	. . . .
Nous lui—	gatzazkio, gatzayozka	gatzazkiok, gatzayoz-	gatzazkion, gatzayoz-	gitzozü, gitzotzü
Nous leur—	gatzayezte, gatzazkiote,	gatzazkiek, gatzayoz-	gatzazkien, gatzayoz-	gitzezü, gitzetzü
Nous te—	gatzazkizu [gatzayozkate	gatzazkik [katek	gatzazkin [kateu	. . . .
Nous vous—	gatzazkizute	. . . .	. . . .	. . . .

IV. Tableau montrant les permutations des voyelles d'après les différentes variétés de la langue basque.

Indéfini:	a. ALABA (fille).	e. SEME (fils).	i. BEGI (œil).	o. OLLO (poule).	u. BURU, ARDU (tête, vin).	ü. BÜRÜ (tête).	a. AITA (père).	a. LUMA (plume).	a. IZAR (étoile).	a. BULAR (poitrine).	a. ETORRI DA (il est venu).	a. JAUN BAT (un monsieur).
Défini:	ALABA.	SEMEA.	BEGIA.	OLLOA.	BURUA, ARDUA.	BÜRIA				Indéfini.		
I. 1. Villareal de Guip.:	alaba	semea	begia	olloa	buruba	.	aita	luma	izar	bular	etorri da	jaun bat
2. Añibarro [2]	alaben	semen	begia	ollon	burua	.	aita	luma	izar	bular	etorri da	jaun bat
II. 3. Marquina:	alabia	semia	begija	ollua	buruba, burua	.	aita	luma	izar	bular	etorri da	jaun bat
4. Burunda:	alabia	semia	begiya	ollua	buruba	.	aita	luma	izar	bular	etorri da	jaun bat
5. Bermeo:	alabin	semia	begija	ollua	burua	.	aita	luma	izar	bular	etorri da	jaun bat
6. Durango:	alabin	semin	begija	ollon	burua	.	aita	luma	izar	bular	etorri da	jaun bat
7. Goyerri:	alaba	semia	begiya	ollua	buruba, burua	.	aita	luma	izar	bular	etorri da	jaun bat
8. Beterri:	alaba	semia	begiyn	ollua	buruba, burua	.	aita	luma	izar	bular	etorri da	jaun bat
9. Oyarzun:	alaba	semia	begiya	ollua	burua	.	aita	luma	izar	bular	etorri da	jaun bat
10. St. Jean de Luz:	alaba	semin	begia	ollua	buruba, burua	.	aita	luma	izar	bulhar	ethorri da	yaun bat
11. Bidart:	alaba	semin	begia	ollua	burua	.	aita	luma	izar	bulhar	ethorri da	yaun bat
12. Hasparren:	alaba	semia	begia	oilua	burnya	.	aita	luma	izar	bulhar	ethorri da	yaun bat
III. 13. Soule:	alaba	semia	begia	ollua	ardua	büria	aita	lüma	izar	bulhar	jin da	jaun bat
14. Cize:	alaba	semia	begia	ollua	buria	.	aita	luma	izar	lulhar	yin da	yaun bat
15. Baigorry:	alaba	semia	begin	oilhoa	buria	.	aita	luma	izar	bulhar	yin da	yaun bat
IV. 16. Arratia:	alaben	semea	begic	ollon	buruc	.	aito	lume	izer	buler	etorri de	jaun bet
17. Cegama:	alaben	semea	begic	ollon	buruo	.	aite	lume	izar	bular	etorri da	jaun bat
18. Arrayoz:	alaba	semea	begiyo	ollon	burube	.	aito	lume	izar	bular	etorri da	yain bat
19. Orozco:	alaboa	semen	begio	olloba	burube, buruin[3]	.	aito	lume	izer	buler	etorri de	jaun bet
20. Ergoyen:	alabea	semea	begio	olloba, ollona	burube, buruin[3]	.	aito	lume	izer	buler	etorri de	jaun bet
V. 21. Ochandiano:	alabio	semic	begijc	olluc	burube	.	aita	luma	izer	buler	etorri de	jaun bet
22. Centro de la Bisc.:	alabie	somio	begijc	ollon	buruc	.	aito	lume	izer	buler	etorri de	jaun bet
23. Llodio:	alabia	semia	hegic	ollon	buruc	.	aito	lumo	izer	buler	etorri de	jaun bet

N.B.—j indique le son du j euphonique biscayen; ȷ la prononciation du j espagnol; j celle du j français; y le son euphonique de Goyerri; y celui de l'y français.

[1] Les formes définies naturelles: alaba, semea, begia, olloa (oiloa en labourdin), burua sont employées dans toutes les variétés qui n'admettent pas de permutations euphoniques. Bürü n'appartient qu'aux variétés qui possèdent le son ü, et büria en est le défini. Les formes naturelles ou sans permutation de voyelles sont en usage non seulement dans les dialectes littéraires du Guipuscoa et du Labourd, mais aussi dans certaines variétés labourdines, telles que le basque de Sara et d'Ainhoa, dans la variété souletine espagnole de la vallée de Salazar, dans le haut-navarrais d'Elizondo, Ostiz, Olaho; depuis Huarte-Araquil inclusivement jusqu'à la Burunda exclusivement, etc.

[2] Añibarro est le nom de l'auteur le plus connu parmi ceux qui ont adopté ces formes, (toutes naturelles à l'exception de la première), dans le dialecte biscayen. Elles ne sont du reste en usage que chez quelques écrivains et n'appartiennent à aucune localité de la Biscaye d'une manière spéciale.

[3] Pour 'burun,' dans la tête.

V. Tableau supplémentaire, montrant les formes objectives morduines du dialecte mokscha, comparées avec celles du dialecte ersa données dans le premier tableau.

'SODAN,' *connaître ou savoir.*

	Mokscha.	Ersa.
Tu me connais	sodasamak	sodasatnak
Il me connait	sodasamañ	sodasamam
Vous me connaissez	sodasamaſt (1)	sodasamiz (1)
Ils me connaissent	sodasamaz (1)	sodasamiz (2)
Je te connais	sodatä	sodatam
Il te connait	sodatansa	sodatanzat
Nous te connaissons	sodatädäz (1)	sodatadyz (1)
Ils te connaissent	sodatädäz (2)	sodatadyz (2)
Je le connais	sodasa	sodase
Tu le connais	sodasak	sodasak
Il le connait	sodasy	sodasazo
Nous le connaissons	sodasafk (1)	sodasynek (1)
Vous le connaissez	sodasaſt (1)	sodasynk (1)
Ils le connaissent	sodasaz (1)	sodasyz (1)
Tu nous connais	sodatamaſt	sodasamiz (3)
Il nous connait	sodasamaz (2)	sodasamiz (4)
Vous nous connaissez	sodasamaſt (2)	sodasamiz (5)
Ils nous connaissent	sodasamaz (3)	sodasamiz (6)
Je vous connais	sodatädäz (3)	sodatadyz (3)
Il vous connait	sodatädäz (4)	sodatadyz (4)
Nous vous connaissons	sodatädäz (5)	sodatadyz (5)
Ils vous connaissent	sodatädäz (6)	sodatadyz (6)
Je les connais	sodasninä	sodasyn
Tu les connais	sodasait	sodasi
Il les connait	sodasinä	sodasynze
Nous les connaissons	sodasafk (2)	sodasynek (2)
Vous les connaissez	sodasaſt (2)	sodasynk (2)
Ils les connaissent	sodasaz (2)	sodasyz (2)

N.B.—Le dialecte mokscha, moins connu que l'ersa, possède deux formes de plus que ce dernier, dont le *sodasamiz* est représenté par le *sodasamaſt*, le *sodasamaz* et le *sodatamaſt* du premier. Ces renseignements m'ont été fournis par la grammaire morduine mokscha d'Ahlquist et par l'article hongrois de Reguly intitulé *A' Mordvin Ige* ou *Le Verbe morduin (du dialecte ersa)*, publié par Hunfalvy dans le quatrième volume de son *Magyar Nyelvészet*.